ÉLOGE
DE MICHEL
DE L'HÔPITAL,
CHANCELIER DE FRANCE,
DISCOURS

QUI A CONCOURU POUR LE PRIX
de l'Académie Françoise, en 1777.

Par M. REGNAUD, *Procureur au Parlement de Paris.*

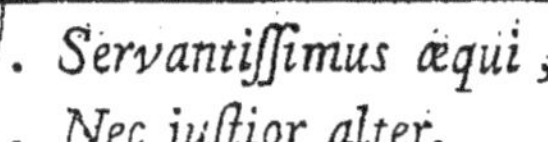

. . . *Servantissimus æqui,*
. . . *Nec justior alter.*
VIRG. EN.

A PARIS,

Chez DEMONVILLE, Imprimeur-Libraire de l'Académie Françoise, rue Saint Severin.

M. DCC. LXXVII.

ELOGE
DE MICHEL
DE L'HÔPITAL,
CHANCELIER DE FRANCE.

LE nom du Chancelier DE L'HÔPITAL est en vénération parmi nous ; deux ſiècles qui ſe ſont écoulés l'ont conſacré à l'immortalité, & voilà qu'après un ſi long eſpace de temps on propoſe ſa vie comme un modèle de ſageſſe & de vertu. Ce ſeroit faire injure à ceux qui nous ont précédés, de dire que c'eſt trop tard rendre hommage à ce grand Homme ; nos pères lui ont rendu la juſtice qu'il méritoit ; ſon nom, depuis qu'il n'eſt plus, n'a toujours été prononcé qu'avec reſpect & reconnoiſſance ; quelquefois même il a été rappelé avec attendrissement, & on ne reprochera point à la Nation d'avoir méconnu le bien que la Providence lui avoit fait, en faisant paroître un si digne Citoyen.

Mais quand la postérité, toujours juste, consacre ainsi dans les fastes de la Patrie, la mémoire des Hommes célèbres, c'est moins une justice qu'elle cherche à leur rendre, qu'un encouragement qu'elle donne à leurs successeurs pour marcher sur leurs traces. Ces génies divins paroissent si rarement pour orner le théâtre du monde, & le besoin s'en fait si souvent sentir, qu'on ne peut trop exciter à les imiter; c'est ce que fait aujourd'hui une illustre Compagnie. En proposant l'Eloge de MICHEL DE L'HOPITAL, elle veut moins ajouter un nouvel éclat à ses vertus, décorer de nouveaux ornemens le trophée que chaque Citoyen lui a élevé dans son cœur, que ranimer par cet exemple les efforts pour la Patrie. Ainsi dans les beaux jours d'Athènes, l'Aréopage présentoit aux Athéniens les tableaux des Miltiade & des Aristide, comme des images qui les rappeloient sans cesse à la vertu.

C'est en effet un beau spectacle à donner à la Nation, que de lui faire contempler un Citoyen vertueux, montant par degré à la suprême Magistrature, ne devant son élévation qu'à lui-même & à son mérite, illustrant les différentes places par où il a a paſſé ; & une fois parvenu à ce haut rang, ſe montrer le plus ferme appui des Lois, l'honneur de la Magiſtrature, réformer ſagement ſans détruire, créer avec ménagement, & chercher toujours à appaiſer les troubles. La vue ſe repoſe agréablement ſur un ſi noble tableau, & on voit qu'il n'eſt qu'un chemin pour être utile à ſa Patrie.

J'oſe eſſayer de tracer le portrait de ce grand Homme. La vie des Hommes publics eſt un champ ouvert à tous les Citoyens ; chaque action qu'ils ont faite a influé ſur le ſort de l'humanité, ils ont droit à la reconnoiſſance de tous les hommes. Je viens donc, foible Orateur, lui préſenter auſſi mon hommage ; je viens jetter quelques fleurs ſur ſa tombe, & admirer ſes vertus, plutôt qu'entreprendre de les célébrer. Dans un ſi noble ſujet, je n'emploierai point l'art pour ſurprendre mes Auditeurs; le récit ſimple des actions DE L'HÔPITAL fera ſon éloge, & excitera aſſez notre admiration.

LOUIS XII venoit de finir ſon règne, emportant dans le tombeau le regret de tous ſes ſujets, & laiſſant après lui le ſurnom le plus cher qu'aucun Prince ait jamais pu acquérir; & François Premier alloit en commencer un glorieux, qui devoit faire changer la face de la France, on peut même dire de l'Europe entière. Les Peuples auparavant plongés dans l'ignorance, & dont les mœurs ſe reſſentoient de la barbarie de ces temps guerriers, ne connoiſſoient qu'une valeur ſans borne, & ignoroient le doux empire des Lettres. Sous ce règne glorieux, les Etats devoient connoître leurs forces, les régler, les mettre en contre-poids; les beaux Arts ignorés juſques-là dans la France, devoient ſortir du ſein de l'Italie, & répandre leur éclat ſous un ſi grand Roi, qui alloit les appeler & les honorer.

C'eſt à une époque auſſi intéreſſante pour la France, pour le changement de l'Europe, que s'élevoit & ſe fortifioit MICHEL DE L'HÔPITAL. La Providence qui veille ſans ceſſe ſur les Etats, le fit naître pour contribuer au bonheur des hommes par ſes travaux, & pour devenir l'ornement de ſon ſiècle par ſes lumières & ſes talens. Il parut dans le monde comme un aſtre bienfaiſant qui s'élève tout-à-coup, & brille dans le firmament. Sa naiſſance n'étoit annoncée ni par la grandeur de ſon nom, ni par d'illuſtres aïeux. Peut-être fût-ce un avantage pour lui, puiſqu'il en retira celui de recevoir une heureuſe éducation, que la Nobleſſe ignorante alors, & qui faiſoit conſiſter ſon mérite dans ſa valeur, donnoit rarement à ſes enfans. S'il ne comptoit point d'hommes célèbres parmi ſes ancêtres, il s'honoroit d'être le fils d'un père recommandable par ſes vertus, par une auſtérité de mœurs digne de ces anciens temps: & c'eſt-là la nobleſſe qu'il lui tranſmit.

Il prenoit alors à Toulouſe les premiers élémens des ſciences, lorſque la retraite de ſon père en Italie, qui avoit ſuivi le ſort du fameux Connétable de Bourbon, lui devint funeſte, & le fit arrêter à l'âge de dix-huit ans, comme un ſujet ſuſpect à l'Etat. » Dépoſe, ma Patrie, tes inquiétu- » des, tes alarmes; laiſſes croître cet enfant que tu » redoutes, il deviendra un jour ton bienfaiteur, » ton conſolateur «. N'en voulons ni à l'Etat qui prenoit des précautions ſages & juſtes, ni à un ſujet innocent; admirons plutôt les décrets de la Providence, qui fait ſervir à ſes deſſeins les reſſources les plus éloignées. Peut-être que ſi MICHEL DE L'HÔPITAL n'eût point été arrêté comme un ſujet ſuſpect, il n'eût point fait le voyage de l'Italie, il n'eût point été puiſer à la ſource ces hautes ſciences qui devoient lui agrandir l'ame; L'HÔPITAL n'eût été qu'une partie de lui-même, un bon Citoyen, & ne fût point devenu l'ornement de ſon ſiècle, le bienfaiteur de ſa Nation.

Son innocence reconnue, il fut joindre ſon père. L'Italie étoit alors le théâtre des ſciences; c'étoit le rendez-vous de tous les hommes célèbres; les Belles-Lettres appelées par un Prince qui les honoroit & les favoriſoit, y avoient fixé leur empire: on y accouroit de tous les pays, pour conſidérer dans ces heureux climats cette brillante aurore qui commençoit à paroître, & qui bientôt devoit éclairer les autres Etats de l'Europe. Ainsi, ces vainqueurs de la terre alloient dans la Grèce s'enrichir de nouvelles conquêtes, qui devoient les rendre encore plus célèbres que celle de l'Univers. L'Italie étoit alors à la France, ce qu'Athènes étoit à Rome dans ses beaux jours.

L'Hôpital ne fut pas plutôt dans cette contrée, qu'il se livra à toutes les sciences qui y brilloient; bientôt il se fit admirer par son génie & par son savoir. Sa constance, son courage, des succès joints à des mœurs irréprochables, intéressèrent en sa faveur, & lui méritèrent des applaudissemens & des marques distinctives.

Il étoit à craindre que cette célébrité qu'il venoit d'acquérir, ne lui fît oublier la France, & ne l'engageât à se fixer dans un pays qui naturellement devoit avoir des attraits pour lui, par le séjour des sciences, par la retraite d'un père qu'il chérissoit, & par une place honorable que son mérite venoit de lui procurer. Mais tel est le caractère des grands Hommes, l'amour de la Patrie est pour eux un penchant auquel rien ne résiste; ce nom, ce tendre nom se fait toujours entendre au fond de leur cœur, & sa voix les rappelle sans cesse. On peut le dire avec assurance, l'Hôpital se fût avancé dans ce pays; mais il étoit étranger pour lui, & la terre qui ne l'avoit point vu naître, ne devoit point profiter des fruits que cet arbre alloit rapporter. Après avoir tiré de l'Italie tous les avantages que ses heureuses dispositions pouvoient lui promettre, il devoit honorer sa Patrie, & répandre ses lumières dans son sein.

Il y parut d'abord assez étranger; l'attachement que son père avoit témoigné au Connétable l'avoit forcé à quitter la France, & le fils de retour se trouva comme abandonné. Mais il lui restoit pour protecteurs, ses talens, ses lumières, dans un pays où les Lettres commençoient à se faire connoître.

Arrivé dans la Capitale, il choisit l'état qui étoit le plus analogue à son caractère, celui où il pouvoit mieux faire usage des talens qu'il venoit d'acquérir. Il prit le parti du Barreau, où bientôt il se distingua. C'étoit dès-lors une profession noble & libre, que tout Citoyen pouvoit prendre; elle étoit même souvent exercée dans ces temps, par ceux que le rang & la naissance appeloient aux premiers emplois de la Magistrature; & il est malheureux que cet usage soit tombé en désuétude. Honoré chez les Romains, & conduisant aux places les plus éminentes, cet état a conservé dans nos mœurs une portion de cet honneur, sans être aussi utile à ceux qui l'exercent. La liberté républicaine donnoit ces grands avantages, que l'Etat monarchique n'a pu conserver par la forme de son Gouvernement. Dans ce noble état, MICHEL DE L'HÔPITAL eût été utile à ses Concitoyens, & s'y fût acquis un nom célèbre ; mais il eſt deſtiné à de plus grandes choſes, & chez lui ce n'eſt qu'un degré pour y parvenir.

Ce ne fut cependant point ſon mérite qui lui ouvrit l'entrée du Sénat ; il ſe maria, & reçut pour dot une charge de Conſeiller au Parlement. Ces places, autrefois deſtinées pour être la récompenſe du mérite & des talens, étoient devenues vénales par les beſoins de l'Etat : les plus grands Hommes d'alors s'en plaignoient. Sans doute il ſeroit à déſirer qu'elles ne fuſſent que le prix des talens & de la vertu. Mais ne pourroit-on pas demander dans quels ſiècles elles l'ont été ? & ſi dès les premiers temps elles ont ſouvent été le fruit de l'intrigue, parce que les hommes ont toujours été les mêmes, c'eſt une queſtion qui reſtera long-temps indéciſe, malgré le ſentiment de grands perſonnages, & ſingulièrement de celui que nous célébrons. Dans les élections, la faveur, la paſſion & la cabale feront toujours à craindre. L'Hôpital étoit ſans doute bien digne d'être choiſi dans ces places ; mais ſi elles euſſent été électives, l'eût-il été ? C'eſt donc un avantage que la vénalité a produit dans cette occaſion ; & ſans cette vénalité, peut-être L'Hôpital eût-il reſté au Barreau le reſte de ſa vie, & la France eût été privée d'un grand Chancelier, dans les circonſtances où nous allons voir qu'elle en avoit le plus de beſoin.

Aſſocié à la Magiſtrature, il ſe fit un devoir ſcrupuleux de ſe livrer aux fonctions pénibles de cet état. S'il n'apportoit point dans la Robe un nom connu & recommandable par d'illuſtres aïeux, il en créoit un qui devoit devenir immortel; il y apportoit les qualités néceſſaires & eſſentielles, l'intégrité, le déſintéreſſement, l'amour du travail; on eût dit que le ſang des anciens Magiſtrats couloit dans ſes veines. Bientôt le Parlement ſe glorifia de le poſſéder, & le Sénat compta un Magiſtrat de plus. L'étude des Lois & des Ordonnances formoit ſa principale occupation; & dans ce premier état, il prenoit les leçons néceſſaires pour remplir un jour avec honneur la ſuprême Magiſtrature.

Ce qu'on remarquoit le plus en lui, étoit cette auſtérité de mœurs qui lui étoit héréditaire & naturelle. C'eſt cette qualité éminente, qui, dans tous les temps, a diſtingué la vraie Magiſtrature; c'eſt elle qui depuis a fait le plus bel apanage du vertueux Lamoignon, de l'immortel d'Agueſſeau; & c'eſt cette vertu vraie & ſans fard qui diſtinguera toujours les grands Hommes.

Ses liaiſons montroient l'étendue de ſon génie: il étoit lié avec les Hommes les plus célèbres de ſon temps, les Cardinaux du Bellai, de Tournon, de Châtillon, d'Armagnac; avec Turnebe, l'honneur & la gloire de l'Univerſité; avec Ronſard, qui avoit alors de la célébrité; quelquefois il le disputoit à ce dernier par des pièces qui faisoient ses délassemens, & qui ne sont point sans mérite. La Poésie a souvent été le plaisir & la récréation des grands Hommes.

Mais il en étoit deux en particulier qui occupoient son cœur, & qui méritoient d'y tenir une place distinguée par la conformité de leurs sentimens sur le bien public. C'étoit du Châtel, ce noble serviteur qui portoit la vérité au pied du trône, qui la disoit en face à son Souverain; & Olivier, qui remplissoit la place de Chancelier avec honneur, & qui en étoit digne : leurs ames s'étoient unies dans le Parlement, les mêmes goûts s'étoient formés; L'HÔPITAL connoissoit toutes les qualités d'Olivier, & celui-ci tout ce dont l'autre étoit capable; & ce n'est pas un des moindres éloges de ce Chancelier, d'avoir procuré MICHEL DE L'HÔPITAL à la France. C'est Olivier qui le présenta à son Roi, comme un sujet fait pour honorer l'Etat.

Le premier emploi qu'il eut de la Cour, fut d'être envoyé comme Député au Concile de Trente transféré à Bologne. Ce Concile occupoit l'attention de l'Europe entière; il étoit convoqué pour tâcher de dissiper les erreurs de Luther & de Calvin, qui commençoient à se répandre, & essayer de réunir les esprits déja divisés par ces Sectes.

C'étoit une occasion favorable à L'HÔPITAL de montrer l'étendue de son génie & de son savoir; il étoit très-propre à cette Commission, par un caractère modéré, qu'il est nécessaire d'avoir dans ces sortes de négociations, où les esprits sont toujours portés à s'échauffer, & où on ne peut mettre trop de prudence. C'est avec ces qualités nécessaires & essentielles que nous allons bientôt lui voir développer dans un rôle bien plus important, qu'il parut à l'Assemblée. Il y soutint avec dignité l'honneur de la Religion, la cause de son Roi, & l'intérêt des Peuples. Mais il trouva quelques esprits trop aigris, pour que le bien qu'il se proposoit pût avoir son effet. Voyant qu'il ne pouvoit être aussi utile qu'il l'auroit désiré, il demanda son rappel en France, où il ne fut pas plutôt arrivé, que la face des affaires y changea.

Olivier, son protecteur, son ami, dans l'impuissance où il étoit de ne pouvoir rendre à l'Etat les services que son zèle lui faisoit espérer, fut obligé de quitter la Cour, regretté de tous les gens de bien. En grand Homme, il préféra une retraite illustre, à un rang qu'il n'auroit pu conserver que par des injustices; il éprouva la destinée des Hommes vertueux, & il parut encore plus grand dans sa chute que dans la faveur dont il avoit joui. Si cette disgrâce fut sensible à L'HÔPITAL, c'est que l'Etat perdoit un homme de bien; mais il fut très-éloigné de s'en affliger pour lui-même, pour son ami que cette retraite combloit d'honneurs. C'est dans ces sentimens qu'il écrivoit à Olivier. Pour lui, il continua de remplir les fonctions de sa charge, sans songer à des places plus élevées.

Mais le destin de la France veilloit sur lui, & une si grande lumière n'étoit point faite pour ne pas répandre tout son éclat. Marguerite de Valois, cette digne Protectrice des sciences, avoit hérité de son père le goût pour les Belles-Lettres, & pour ceux qui les cultivoient: elle eut occasion de connoître le mérite de L'Hôpital. Elle en parla avantageusement au Roi son frère; & par son crédit, elle lui fit donner une Charge de Maître des Requêtes. L'Hôpital, dans un rang plus élevé, se fit bientôt connoître; & c'est dans cette place que la justesse de son génie lui fit donner un Homme d'esprit de plus à la France, dans la personne d'Amyot.

Son mérite perçoit de plus en plus; à mesure qu'il s'élevoit, il sembloit prendre de nouvelles forces, par l'étendue de ses nouvelles fonctions. Ainsi, nommé à la place de Surintendant des Finances, L'Hôpital va s'élever d'un vol hardi, faire voir jusqu'où il peut aller, & encore plus jusqu'où il ira un jour.

Cet emploi honorable a toujours été un poste glissant, où beaucoup ont monté & peu se sont maintenus ; il y fut placé dans un moment où l'Etat surchargé par les déprédations que la foiblesse du Gouvernement avoit autorisées, avoit besoin de sévérité pour effrayer les coupables, de fermeté pour arrêter les abus : c'est ce dont L'HÔPITAL étoit capable. Tout l'argent qu'on lui demandoit étoit refusé, à moins qu'il ne tournât au profit de l'Etat : dignes sentimens d'un Ministre des Finances, que peu sont capables d'avoir, mais qui, lorsqu'ils les ont, & qu'ils se rencontrent avec un Prince qui a la magnanimité de les soutenir, produisent les plus grands effets ! Il laissa un modèle à suivre à Sully, qui l'a perfectionné, & qui a encore été beaucoup plus loin par les dispositions du Prince, son Roi & son ami. La trace de ces grands exemples seroit-elle donc perdue pour ma Patrie ? .... Non ; les vertus des L'HÔPITAL & des Sully ont encore des germes dans le cœur de mes Concitoyens, & le sang de Henri IV n'est point arrêté dans son noble cours.

Dans cette place difficile, L'HÔPITAL consultoit le Chancelier son ami, qui lui écrivoit de son exil, le soutenoit dans ses nobles sentimens, l'engageoit à la fermeté & au courage. Ainsi ces cœurs vertueux s'échauffoient mutuellement pour le bien public, & brûloient de ce feu divin qui épure les grandes ames.

L'HÔPITAL remplissoit sa Charge de Surintendant des Finances, avec ce désintéressement digne des anciens temps; il ne regardoit point cette élévation comme un moyen d'amasser des richesses: Ainsi avons-nous vu de nos jours de dignes Citoyens quitter cet emploi comme ils y étoient entrés, & y acquérir du moins cet honneur qu'on ne peut leur enlever. L'Hôpital l'exerçoit depuis plusieurs années, uniquement occupé du bien de l'Etat, & nullement du sien, ni de celui de ses enfans. Il avoit une fille en âge d'être pourvue; le défaut de fortune l'empêchoit de l'établir. Mais ce siècle donna un grand exemple, qu'il seroit à désirer de voir renouveller plus souvent; l'Etat se chargea de doter la fille de ce nouvel Aristide. Pourquoi faut-il que de si beaux faits restent isolés dans l'Histoire? En attribuera-t-on la faute au Gouvernement, plutôt qu'à la cupidité de ceux qui prennent ces places? Qu'il se trouve des Aristide, & l'Etat se trouvera juste. Ce ne sont point ces présens qui appauvrissent le Gouvernement; ils élèvent & fortifient les grandes ames. » O ma » Patrie! de cette union que ta libéralité forme, » il en doit sortir un jour des enfans qui se mon- » treront dignes de la noble dot que leur mère a » reçue ». Cette action héroïque honorera également la vie de l'Hôpital, comme le règne de Henri II.

Après s'être ainsi montré dans une place essentielle,

tielle, il eſt digne de devenir le Conſeiller de l'Etat, & de le conduire dans ſes dangers. La fin malheureuſe & imprévue de Henri II fait changer de nouveau la face du Gouvernement. Olivier eſt rappellé de ſa retraite; il ſe fait aſſocier dans le Conſeil MICHEL DE L'HÔPITAL, mais il ne peut jouir long-temps de cet avantage. Sa bienfaitrice l'emmène avec elle en qualité de ſon Chancelier, & il va ſe préparer dans le pays étranger à remplir cette place ſuprême en France, où les affaires le rappelèrent bientôt pour remplacer le Chancelier Olivier, que la mort venoit d'enlever.

C'eſt dans ce haut rang que nous allons le voir déployer toute l'étendue de ſon génie, s'y ſoutenir majeſtueuſement au milieu des orages & des tempêtes, ſervir de rempart & d'aſile à ſa Patrie infortunée, répandre ſes bienfaits ſur ſon ſiècle, & juſques ſur les races futures.

SI la place de Chancelier eſt difficile à remplir, c'eſt ſur-tout dans ces temps de trouble où l'eſprit d'erreur, comme une vapeur groſſière, ſe répand ſur les peuples; les rend factieux, rebelles, indépendans, & bientôt leur fait perdre le reſpect dû à la Majeſté & aux Lois. C'eſt dans une des plus grandes tourmentes, à laquelle la France ſe ſoit trouvée expoſée, que nous allons voir MICHEL DE L'HÔPITAL prendre en main le gouvernail de ce vaiſſeau agité ; non-ſeulement le conduire avec toute la ſageſſe & toute la prudence qu'il étoit poſſible d'attendre d'un ſi grand Homme, mais encore marquer aux autres, au milieu des périls & des dangers, la route invariable qu'ils doivent tenir. Pour juger de l'art avec lequel il s'eſt comporté, il ne faut que conſidérer dans quel état étoit alors la France, comme elle ſe trouvoit agitée au-dedans & au-dehors, & quelles étoient à la Cour les intrigues qui ſe tramoient.

Vous, auſſi grand Magiſtrat qu'illuſtre Hiſtorien *, dont la plume fidelle devoit un jour tracer à la poſtérité les vertus de L'HÔPITAL, comme votre ame devoir en être l'image, permettez que mon cœur interroge ces Annales de ma Patrie ; ouvrez à un Citoyen, ces Ecrits immortels, l'honneur & la gloire du nom François.

D'un côté, on voyoit les Proteſtans conduits par une indocile curioſité, tenter de remuer ces bornes ſacrées de la Religion, & commencer à former entr'eux cette aſſociation, dont les ſuites ont produit des effets ſi funeſtes ; de l'autre, ceux qui ſe paroient du nom de Catholiques, ſous le prétexte de cette ſainte Religion qu'ils jouoient, du bien de l'Etat qu'ils cherchoient à renverſer plutôt qui'à ſoutenir, vouloient dominer, &

* M. de Thou.

formoient des partis. Une femme ambitieuse, grande dans ses vues, ferme par politique, foible par tempérament, cherchoit à régner sous le nom de ses enfans; pardessus tout on voyoit les Guises paroître sur la scène, jouer ce rôle ambitieux qui les a fait monter jusqu'au dernier degré du trône, sur lequel ils osoient déja porter une main sacrilége, redoutables par eux-mêmes, par leur profonde politique, & encore plus par une Puissance voisine qui les soutenoit, d'autant plus à craindre, qu'elle avoit ses vues secrettes, en fomentant d'aussi grands troubles; enfin l'autorité Royale perdoit ses plus belles prérogatives, les Lois étoient méconnues, & l'Etat penchoit vers sa ruine.

C'est dans un choc aussi violent d'intérêts & de passions si opposés, qu'on alla prendre MICHEL DE L'HÔPITAL, non pour être la digue qui devoit les contenir, ainsi qu'il l'a été, mais comme un homme nouveau que l'on conduiroit à son gré, parce qu'il ne tenoit à rien, & auquel on feroit prendre le parti que l'on voudroit.

En grand Homme, il aperçut tout le danger où se trouvoit l'Etat, & dès-lors il lui jura une fidélité qu'il a tenue jusqu'au dernier moment de sa vie, sans se laisser entraîner par les passions qui agitoient les différens partis, & allant toujours au véritable but, au maintien de l'autorité Royale,

& au bonheur des peuples. C'eſt à ces deux points eſſentiels qu'il a rapporté toutes ſes vues ; nous le verrons ſans ceſſe ſoutenir d'une main ferme l'Etat chancelant, de l'autre tracer ces Lois ſages dont nous reſſentons encore aujourd'hui les effets ſalutaires.

Son premier coup d'eſſai dans cette place fut celui d'un grand Maître, & ſeroit ſeul capable de l'immortaliſer. L'Inquiſition prête à s'introduire en France durant ces troubles, comme un moyen ſpécieux d'abattre le parti des Proteſtans, mais dans le fond préſentée & ſoutenue par les Guiſes, qui vouloient s'en faire un fort, du haut duquel ils ſe promettoient de tout enſanglanter, eſt arrêtée dans ſa marche. Les intrigues ſont liées, le plan eſt dreſſé ; les eſprits ou prévenus ou ſéduits, s'endorment ſur le danger fatal qui les menace ; L'HÔPITAL ſeul veille ſur le bien de l'Etat. S'il n'eſt pas le maître de combattre à force ouverte ce monſtre qui s'avance à pas lents, prêt à ſavourer le ſang des Peuples, il ſaura employer des moyens adroits de le détruire. Mais, ô deſtinée ! il eſt encore gêné dans ces moyens : ſa conduite paroît équivoque ; on en parle diverſement, parce qu'on ne connoît pas la profondeur de ſes deſſeins, & ce n'eſt qu'au milieu des entraves qu'il peut procurer le bien.

Il ſe rend au Parlement ; il n'a point dans ſa

marche un appareil impoſant: il eſt accompagné de ſes vertus & de ſa noble ſimplicité, ſeul & digne cortége d'un Chancelier de France. Son Diſcours n'eſt point abſolu; il eſt éloquent, parce qu'il eſt ſimple; il reſpire la douceur de ſon caractère, il peint la nobleſſe de ſon ame; il montre l'auſtérité de ſes mœurs par les anciennes qu'il veut faire revivre, par les abus qu'il entreprend de corriger, & il annonce ſon zèle pour le bien public, par l'eſprit de paix, par la réunion des différens partis qu'il propoſe, & par les ſages Lois qu'il préſente. Il fait ordonner, dans ces temps de trouble, la réſidence aux Evêques, aux Gouverneurs, aux Baillis, aux Sénéchaux, ainſi qu'à tous les Officiers qui ſont chargés de veiller à la tranquillité publique. L'Edit deſtructif de l'Inquiſition n'eſt enregiſtré que ſur des Lettres de Juſſion, parce qu'en apparence il eſt contraire aux anciennes maximes du Gouvernement: mais on ne tarde point à connoître le bien qu'il a fait, le mal qu'il a évité; le Parlement & les bons Citoyens en ſont bientôt convaincus, & l'Hôpital paroît ce qu'il eſt véritablement, un grand Homme, digne de poſſéder une place auſſi délicate.

Vous le repréſenterai-je dans une Aſſemblée encore plus majeſtueuſe, à la tête de tous les Grands du Royaume, convoqués pour délibérer ſur les malheurs & les beſoins de l'Etat. C'eſt lui qui a fait demander cette Aſſemblée ; le deſſein qu'il s'y propoſe eſt noble & digne de ſon grand génie. Ne ſe ſentant point aſſez fort pour détruire le parti des Guiſes, pour les arrêter dans leurs projets ſanguinaires, il veut leur oppoſer le ſuffrage des Etats dont il va demander la convocation, celui des Grands du Royaume qu'il vient de faire aſſembler. Il médite un plan digne de lui, celui de réunir les Catholiques & les Proteſtans. C'eſt à ce plan que nous allons tant de fois le voir revenir, comme ſeul capable d'arrêter les troubles. Rien ne montroit mieux ſon zèle pour la choſe publique, & la ſolidité de ſon jugement ; il prévoyoit que tous les autres moyens employés ne feroient qu'irriter les eſprits. Déja il a diſpoſé les bons Citoyens qui penſent comme lui ; il a tout préparé : le projet eſt immanquable. En effet, le parti des Guiſes ne peut l'emporter ; on arrête qu'il ſera tenu une Aſſemblée des Etats du Royaume, & un Synode national, pour aviſer aux moyens de réunir les eſprits ; & en attendant, on rend une Ordonnance qui ſuſpend les ſupplices & la punition des Sectaires.

Mais que vois-je ! Pendant que cet Ange tutélaire ſe ſert de ſa ſageſſe, comme d'une Egide, pour garantir ſes Concitoyens des malheurs qui les menacent, je les vois courir d'eux-mêmes aux armes : ſourds à la voix de leur bienfaiteur, ils ne lui laiſſent pas le temps d'exécuter ſes deſſeins ſalutaires ; le fanatiſme les emporte , les projets de paix ſont rompus, & déja les voilà aux priſes. J'aperçois l'Inquiſition, rejetée par ſa prudence, prête à paroître de nouveau; les feux allumés, les échafauds dreſſés , & les Guiſes ſecouant le flambeau de la diſcorde , ſe féliciter de la réuſſite de leur projet, rompre les liens les plus ſacrés, irriter le Prince contre ſes Sujets , & le porter au meurtre & au carnage. O douleur! ô ma Patrie ! le ſang des Bourbons eſt prêt à être tari dans ſa ſource ; celui qui a coulé dans les veines de Henri IV , celui qui circule dans celles de mon Roi, eſt prêt à ſe répandre, & le Prince au moment d'enfoncer le poignard dans le ſein de ſa famille. Ce ſont les Guiſes qui l'animent; ils ſe flattent de ſe ſervir de ces Corps auguſtes, comme de degrés qui vont les approcher du trône. Vertueux L'HÔPITAL,..... quels étoient tes ſentimens dans ces momens de criſe? En pouvons-nous douter. L'Arrêt fatal eſt ſigné : mais tu périras plutôt, noble Citoyen, que de commettre une ſi lâche action; & duſſes-tu être le ſeul des François , tu ne ſouilleras pas ton nom dans le ſang. « Tu fais mourir , noble Sancerre, mais non » te déshonorer ». Dubeuil , Comte de Sancerre, qui fit cette belle réponſe au Roi , le Conſeiller Dumortier, & le Chancelier qui diſſuada la Reine de cet abominable projet, refusèrent de souscrire l'Arrêt. « Recevez nos éloges, dignes Citoyens : » la France vous doit le sang qui coule dans les » veines de nos Princes ; votre fermeté a suspendu » les coups, la Providence a fait le reste ».

Pour se former une idée parfaite de la grandeur de ce véritable Magistrat, il faut le considérer à la tête des Etats du Royaume, présidant les Ordres de la Nation. L'Assemblée des Etats est un usage ancien qui remonte au berceau de la Monarchie. Rien ne montroit mieux sa noble origine, la liberté des Peuples & la sagesse des Rois ; il a été employé souvent dans des temps difficiles, comme un moyen propre ou à remédier aux troubles & aux abus, ou à les prévenir. L'éloignement des anciennes maximes l'a fait depuis regarder comme un trop beau privilége, qu'il falloit faire oublier. Mais ce n'étoit point là le sentiment du Chancelier DE L'HÔPITAL, ce défenseur de l'autorité Royale, ce bienfaiteur de la Nation. Il pensoit * » qu'il n'y avoit rien de plus digne d'un Roi que » de convoquer les Etats ; que dans ces Assemblées, les Souverains étoient instruits de leurs » devoirs ; que les Sujets avoient la liberté d'exposer les besoins de l'Etat, & de proposer les » moyens de le secourir ; que cette familiarité que

* Son Discours à l'Assemblée des Etats.

» les Rois sembloient contracter avec leurs Sujets ;
» loin de diminuer l'éclat de leur trône, les éle-
» voit au faîte de la grandeur, & leur acquéroit
» l'amour des Peuples ». C'est en exposant des idées aussi nobles & aussi vraies, que MICHEL DE L'HÔPITAL ouvrit cette auguste Assemblée, dont la foiblesse de notre esprit ne nous permet plus de nous former d'idée.

Sans entrer plus avant dans une question d'Etat aussi délicate, nous pouvons dire que cette Assemblée, qu'il avoit fait convoquer, étoit le comble de sa prudence & de sa sagesse dans ces temps d'orage; c'étoit le moyen unique d'arrêter l'ambition des Guises, & de sauver l'autorité Royale : moyen qui lui a parfaitement réussi. Il s'en proposoit encore un autre non moins digne de son amour pour le bien public; c'étoit de donner par cette secousse une élasticité à tous les ressorts de l'Etat, de faire jeter à tous les Ordres un coup d'œil sur eux-mêmes, contenir les esprits agités, réformer les abus, & montrer que tout devoit se rapporter à l'autorité Royale, comme au centre. C'est ce qu'il fit par les sages Lois qui en furent la suite, & qui rappelèrent tous les Ordres de l'Etat à leurs devoirs. Ainsi, ce grand Homme soutenoit l'autorité des Lois, l'honneur de la Magistrature, & réformoit sagement les abus, dans ces temps difficiles où il y auroit eu de la gloire à ne point les laisser accroître.

Après l'avoir considéré présidant la Magistrature, les Grands du Royaume, à la tête de l'Assemblée des Etats, se comportant, dans ces commissions aussi honorables qu'importantes & épineuses, avec la dignité & l'intelligence qu'on pouvoit attendre de lui, voyons-le actuellement dans le particulier, s'occupant des moyens d'appaiser les troubles.

Il méditoit depuis long-temps un grand projet, qui sans cesse fixoit son attention; celui de réunir les esprits divisés par les Sectes. Il se flattoit que si on pouvoit parvenir à cette réunion, on procureroit la paix, & on rétabliroit la tranquillité dans le Royaume. Ces vues étoient profondes & dignes d'un aussi grand génie. S'il n'a point réussi dans ce projet, il faut convenir qu'il ne lui fait pas moins d'honneur. De grands Hommes qui ont paru après lui, ont été animés de cette noble idée. Bossuet, cette lumière de l'Eglise de France, ne la regardoit point impraticable, & il voyoit les sages concourir avec lui dans ce sentiment. Le dernier des Pontifes, un des plus grands qui se soit assis sur la Chaire de Saint Pierre, l'auroit peut-être tenté, si, pour l'intérêt de la Religion, la Providence lui eût accordé de plus longs jours. « *Per-* » *sonne** *ne gémissoit plus que lui du mal qu'on fit dans*

---

* Voyez ses Lettres.

» *ce siècle, & il auroit donné jusqu'à la dernière goutte* » *de son sang pour voir cette réunion* ». Pourquoi désespérerions-nous qu'il pût s'élever par la suite un génie profond qui effectuât ce que L'HÔPITAL avoit si à cœur, & ce que de si célèbres personnages ont pensé après lui ? Puissent nos vœux s'accomplir ! Puissions-nous voir éteindre à jamais, pour la gloire de la Religion, pour le bien de nos frères, une scission qui a coûté tant de larmes, & qui a causé de si grands maux à l'humanité !

Eloignons de nous ces idées dont son siècle l'a accusé, & que quelques-uns ont encore, qu'il protégeoit les Protestans, qu'il vouloit établir la tolérance. Sans doute, dans ces commencemens, il regardoit les voies de douceur comme le moyen le plus favorable de faire revenir les esprits ; il le préféroit à la violence, au fer & au feu ; & malheureusement, ce qui s'est passé depuis n'a que trop justifié ses raisons. Si on eût suivi son sentiment, la France se seroit évité un reproche éternel, & une plaie profonde. Mais ce n'est point aux dépens de la Religion qu'il vouloit établir la tolérance ; ce n'est point l'esprit de parti qui faisoit agir un si grand Homme : il honoroit & respectoit sa Religion, autant qu'il chérissoit l'Etat. L'esprit de religion n'animoit pas plus le parti que l'on nommoit alors Catholique, que celui que l'on appeloit Protestant. Il le connoissoit bien ; il étoit convaincu que les uns & les autres agiſſoient par paſſions, par fanatiſme & par ambition. Ces prétendus Catholiques étoient conduits par les Guiſes & par d'autres Chefs, qui cherchoient à profiter des troubles, à les entretenir pour alimenter leur ambition; & les Proteſtans, animés d'un eſprit d'indépendance, étoient encore irrités par les ſupplices dont ils ſe voyoient ſans ceſſe menacés. Sainte Religion! ce ne ſont point là tes principes: c'eſt la douceur, la charité, la perſuaſion, la fidélité à ſon Souverain, & l'amour des devoirs. Ce ſont là ceux que L'HÔPITAL connoiſſoit, & qu'il pratiquoit; & parce qu'il les a fait valoir dans des momens où les eſprits irrités & égarés les méconnoiſſoient, on voudra le faire regarder comme ayant voulu favoriſer un parti plutôt que l'autre! Non, il honoroit & reſpectoit ſa Religion, & il étoit perſuadé que ſon honneur & ſa dignité, autant que l'intérêt de l'Etat, exigeoient qu'il prît ce parti. Rendons-lui actuellement la juſtice de dire que c'eſt cette conduite qui a ſuſpendu les maux dont la France a été accablée, & que peut-être en retardant ſes coups, il les a ralentis, & a ſauvé l'Etat.

Vous, auſſi mauvais Citoyens que dangereux Politiques, qui faites conſiſter votre ſcience dans le Gouvernement à profiter des troubles, ou à ſavoir les fomenter pour vous rendre néceſſaires, venez considérer la politique de ce grand Homme ; il ne veut être en place que pour procurer la paix & rétablir l'union. Animé de ces nobles sentimens, conduit par ces sages vues, on le voit persuader à la Reine, par la raison du bien de l'Etat, de rétablir en grâces & en honneur les Princes du Sang, qu'il étoit dangereux d'irriter. Il emploie auprès d'elle l'humanité, la religion, la raison, pour l'engager à rendre le sort des Protestans moins rigoureux ; & il parvient à faire rendre la liberté aux prisonniers, les biens à ceux qui en avoient été privés ; il les fait rentrer dans le sein de leur Patrie, & les assure de la protection du Gouvernement, s'ils vivent tranquilles & comme de bons Citoyens.

Si la foiblesse du Gouvernement ne le soutient pas autant qu'il seroit nécessaire, si les intrigues, le fanatisme paroissent l'emporter, on le verra encore tirer parti de ces oppositions, en se rendant maître des esprits par son éloquence, par ses raisons, soit à une Assemblée des Grands tenue à Saint-Germain, soit au Colloque de Poissy, où il fera valoir avec dignité les moyens qui peuvent être favorables à ses desseins. Dans une occasion délicate, il saura allier l'obéissance du Sujet avec la fermeté qui ne doit jamais abandonner le Ministre de la Loi ; il n'y mettra le sceau, dont il est dépositaire, que *contre son consentement*, & laissera à ſes ſucceſſeurs ce grand exemple d'une fermeté reſpectueuſe. Il arrêtera les entreprenans, les fanatiques, par la ſévérité des Lois, qu'il fait parler hautement dans ces temps de trouble, en faiſant rendre un Arrêt ſolemnel contr'eux.

Si toutes ces tentatives ne peuvent encore avoir le ſuccès que la prudence peut en faire attendre, s'il voit les eſprits irrités s'aigrir davantage, l'orage prêt à groſſir, il reviendra à l'autorité Royale qu'il fait déployer avec autant de force & de majeſté, que ſi elle n'étoit point dans un temps de foibleſſe. Par un Edit il fixera le ſort des Proteſtans, & il ſe mettra au-deſſus des clameurs, des inſultes même que ſa conduite ferme peut lui attirer dans cette occaſion; ſa conſcience qui eſt pure, le venge encore plus que l'autorité. Il emploiera ainſi tour-à-tour la raiſon, la douceur, la fermeté, les Lois, l'autorité du Prince, pour rétablir l'union & procurer la tranquillité.

Mais c'en eſt fait; les deux partis s'y refuſent également; le fanatiſme l'emporte & triomphe. Les Proteſtans arborent l'étendart de la rebellion; les Guiſes abattus ſe relèvent; ils ſortent de leur retraite pour ſe mettre à la tête du parti qu'il plaiſoit d'appeler Catholique, & pour ſoutenir leur fortune preſque renverſée par la ſageſſe de ces projets. Citoyens infortunés, si vous voilà de nouveaux plongés dans les fureurs de la guerre civile, quelle en peut être la cause ? En vain la sagesse DE L'HÔPITAL, comme une barrière, a voulu arrêter ces torrens prêts à tout rompre; il a fait tous ses efforts pour s'y opposer, il va en faire encore de plus grands pour vous en tirer.

Si le tableau des guerres civiles est peut-être le plus effrayant spectacle qu'on puisse mettre sous les yeux de l'humanité, il en est un autre bien satisfaisant pour elle; c'est celui d'un digne Citoyen, qui, au milieu de la fureur de ces guerres, se sacrifie pour sa Patrie infortunée, emploie tout ce que la force, la sagesse, la prudence, l'autorité, peuvent lui permettre, pour sonder le mal & en arrêter les funestes effets. Quelle science, quel pressentiment dans un tel Homme, pour connoître & découvrir les différentes causes qui agitent & tourmentent sans cesse tant d'esprits inquiets & remuans! il voit le mal se répandre au-dehors, l'Etat déchiré & divisé par les passions, ses Concitoyens la victime de leurs fureurs, le sang qui coule autour d'eux. Mais la science est de découvrir la source de ces maux, de distinguer clairement les intérêts compliqués qui remuent tant d'esprits divers, & qui causent une explosion si violente dans le corps moral. Ainsi, dans le phyſique, ces feux ſouterrains dont on ignore la cauſe, dont on ne peut arrêter les effets, ſortant avec éclat, produiſent ces volcans qui répandent l'effroi & la conſternation dans le genre humain.

MICHEL DE L'HÔPITAL examine les cauſes ſecrettes qui occaſionnent tant de maux dans l'Etat; il en ſonde la profondeur, en découvre la ſource. Il parle avec hardieſſe dans le Conſeil, & déconcerte par ſa ſageſſe les projets hardis & entreprenans des conjurés: il tempère les uns par la douceur, ſoumet les autres par la force; il écrit aux Gouverneurs, aux Officiers, aux Magiſtrats, à ceux qui ſont chargés de veiller à la tranquillité publique, de remplir leurs devoirs; ils les engage à la paix, il donne des Edits, il fait parler les Lois, montre un courage & une fermeté ſupérieurs aux dangers. Comme une colonne inébranlable réſiſte à ces tremblemens violens qui agitent la nature, & demeure immobile parmi les ſecouſſes, il reſte ſeul au milieu de l'édifice chancelant pour le ſoutenir *. L'occaſion ſe préſente de parler de paix, il la ſaiſit; il ſait qu'elle ne peut être de longue durée, mais du moins elle arrêteta & ſuſpendra pour le moment la violence du mal, & lui fournira des expédiens pour y apporter des remedes plus efficaces; & c'eſt ici que ſe déve-

* Il avoit pris pour deviſe : *impavidum ferient ruinæ.*

loppe

loppe ſon grand génie. Il conçoit ce projet admirable, qui lui a réuſſi au-delà de ſes eſpérances ; c'eſt dans la ſource du mal même qu'il va trouver la guériſon. Voyant qu'il ne pouvoit calmer ces eſprits toujours inquiets & agités, arrêter cette férocité de ſes Concitoyens, il entreprend de tourner contre l'ennemi de l'Etat cette rage dévorante qui les brûle. Bientôt le Proteſtant comme le Catholique ſe trouvent réunis ſous le même drapeau ; c'eſt à qui ſe diſtinguera ſur le champ de bataille, à l'aſſaut d'une Ville, à qui ſervira mieux le Roi & l'Etat. Heureux Gouvernement, où ces reſſorts mis à propos en uſage produiſent de ſi grands effets! admirable projet d'un ſeul homme! Tels ces fameux Romains, agités au-dedans, ne trouvant ni repos ni tranquillité, alloient chercher la paix au milieu des ennemis qu'ils faiſoient repentir de leurs propres diſſentions; car je ne craindrai point de comparer ma Nation à ces fiers Conquérans: ſi l'amour de la Patrie leur faiſoit faire des prodiges, le bien de l'Etat, l'attachement à ſon Roi, ont produit parmi nous plus d'un héros; chaque ſiècle l'a prouvé. Que Rome ſe glorifie de ſon Décius, la France nommera toujours avec honneur L'HÔPITAL.

Mais voici le triomphe de ce grand Homme; le plus bel endroit de ſa vie; c'eſt au milieu des bleſſures profondes que ces guerres cauſoient à l'Etat, de s'être servi des Lois comme d'un baume pour les guérir, de n'avoir pas douté un instant de leur pouvoir & de leur majesté, & de les avoir fait entendre à travers le bruit des armes, parmi les cris des combattans. Lois saintes, quel est donc votre empire! Peut-on s'étonner que l'attachement à votre conservation ait fait, dans tous les temps, d'honorables victimes? Tant que la vertu restera sur la terre, vous serez respectées & adorées; & s'il n'existoit plus qu'un Juste, ce seroit dans son cœur qu'il faudroit aller y chercher votre dépôt sacré. Non-seulement ce vrai Magistrat a fait briller les Lois au milieu de cet embrâsement qui consumoit la France, mais encore il en a fait sortir une composition de nouvelles, dont la force comme la beauté leur assure un éclat & une durée éternels.

Quelle partie de la Législation son vaste génie n'a-t-il point embrassée? Quel est l'Ordre de l'Etat sur lequel il n'ait jetté un regard, soit pour le consolider, soit pour le réformer?

Je le vois d'abord affermir l'autorité Royale par l'extension qu'il donne, dans ces momens de trouble, à ce fameux Edit sur la majorité de nos Rois, monument éternel de la prudence d'un sage Monarque; & faire voir que si la Loi n'eût point été portée, son génie lui eût dicté de la présenter, faire respecter, dans ces temps de foibleſſe, par de ſages Ordonnances, la Puiſſance Royale, comme ſi elle eût été dans toute ſa force.

Il rappelle par des Edits les Evêques & les Eccléſiaſtiques aux auguſtes fonctions de leur miniſtère; il les aſtreint à la réſidence dans leurs Diocèſes; il rejette quelques articles de la diſcipline Eccléſiaſtique, qui portoient atteinte aux maximes de l'Etat, & aux libertés de l'Egliſe Gallicane; par des Lettres-Patentes qu'il obtient, il ſollicite les ſecours du Clergé dans des beſoins preſſans.

Par des Ordonnances célèbres, il reſtreint le pouvoir des Grands & de la Nobleſſe; il met le Tiers-Etat à l'abri de leurs vexations, en défendant de lever des contributions. Il ſoulage les Peuples par l'établiſſement des règles dans la répartition des impôts, & par l'ordre qu'il met dans la manutention des deniers Royaux.

Auguſte Chef de la Magiſtrature, c'eſt-là où il va porter tous ſes ſoins, mettre une réforme ſévère & ſe montrer digne de la place qu'il occupe, ſoit en méditant ces belles Ordonnances qui l'immortaliſeront, ſoit en allant les expliquer lui-même aux Magiſtrats. Quel Parlement n'a pas reſſenti les effets de ſa vertu légiſlative, ſoit par ſa préſence même, ſoit par la force des Réglemens qu'il y envoyoit? Avec quelle dignité il les rappeloit à leurs auguftes fonctions? Avec quelle force & quelle amertume il fe plaignoit de la cupidité qui déshonore & avilit le Magiftrat? De-là cette réforme dans les épices, cette fuppreffion de penfions, ces Lois fages qui ferment l'entrée des Tribunaux à ceux que la jeuneffe auroit dû en écarter, pour ne confier le fort des Citoyens qu'à une vertu épurée & éclairée par l'étude & le travail. Tout eft réglé par fes foins dans l'ordre de la Juftice; parmi les Officiers inférieurs les fervices ont un prix, & la reconnoiffance eft proportionnée aux bienfaits.

Quel pas la Jurifprudence Françoife fait en un inftant, dirigée par un Chef auffi éclairé! Déja elle le difpute à celle des Romains, & marche avec elle fur la même ligne. Il fignale le commencement de fa Magiftrature par l'Edit des fecondes noces, & affure l'état aux enfans; il conferve la tranquillité des familles par l'Edit des fubftitutions & celui des donations; il tarit la fource des procès par un autre fur les tranfactions; il affure la fortune des mineurs par des Règlemens fages qui leur mettent des entraves pour l'aliénation de leurs biens, & qui contiennent la cupidité des tuteurs.

Jette-t-il un regard fur le Commerce? c'eft pour y créer fon plus bel ornement, qui ne vieillit point depuis deux fiècles, qui eft toujours dans toute ſa force & dans toute ſa vigueur, en établiſſant la Juriſdiction des Conſuls, & en portant d'autres ſages Règlemens.

Il rappelle en France, au milieu des guerres civiles, les plus beaux jours de Sparte, par des Lois ſur le luxe, les tables, les repas, les habits: auſſi ſimple lui-même, auſſi frugal que le Légiſlateur Lacédémonien, ſa maiſon, ſa table, ſon extérieur, annoncent cette noble ſimplicité & cette vertueuſe frugalité.

Il travaille à la police publique par des Règlemens ſur la Librairie, ſur les logemens de guerre, ſur les maiſons; il n'y a pas juſqu'aux ornemens de la Capitale qu'il ne faſſe entrer dans ſes vues.

Quel eſt donc ce génie univerſel qui répand ſon eſprit fécond ſur tous les Corps? Comme ces génies créateurs, il n'en eſt pas un ſeul qu'il n'échauffe, ne vivifie; comme eux il règle ce qu'il vient de créer d'une manière immuable, & embraſſe tout dans ſa profonde ſageſſe.

Ce n'eſt pas ſeulement à ſon ſiècle que ces Lois ont été utiles, elles ont paſſé aux ſiècles futurs; tous les jours nous en reſſentons les effets ſalutaires, ſoit par celles même qui exiſtent encore, ſoit par les nouvelles dont elles ont été & ſeront à jamais le principe. Si quelquefois ce profond génie s'eſt élevé au-deſſus des règles, s'il a paru forcer la Loi par la Loi même, ce n'eſt point un exemple qu'il a prétendu laiſſer à ſes ſucceſſeurs, ç'a été la faute du temps, la néceſſité du moment. S'il en étoit un aſſez hardi pour oſer le ſuivre dans cette route dangereuſe, qu'il y marche . . . . . mais qu'il s'attende que la Nation ne le lui pardonnera qu'en ſe montrant un auſſi grand homme !

Il eſt étonnant qu'il ait pu faire tant de choſes au milieu des orages qui agitoient le Royaume, & qu'il ait aſſez conſervé ſon eſprit calme pour les entreprendre, ſur-tout parmi tant d'ennemis qui l'environnoient, & ſous leſquels nous allons enfin le voir ſuccomber, pour le malheur de la France.

En vain vous flattez-vous encore, ennemis de l'Etat, de réuſſir dans vos projets ſanguinaires ; tant que la vertu préſidera, vous la trouverez toujours prête à les déconcerter. Si de nouveau on veut plonger le Royaume dans les guerres civiles, ſi les conſeils de L'HÔPITAL ne ſont plus écoutés, ſi cette voix patriotique ne peut plus ſe faire entendre, eh bien ! il prendra la plume ; & comme ce Conſul auſſi vertueux qu'éloquent, il inſtruira ſes Concitoyens ſur leurs dangers, ſur leurs malheurs ; comme lui, il retardera encore la chute de la République.

Mais quel trouble ſoudain vient frapper ma

vue? Je vois une Cour perfide, où, sous une apparence de paix, pour mieux tromper, on cache les plus noirs attentats; on ne s'entretient que de meurtres, de carnage, d'égorger les sujets sur les degrés du Château, sur les marches du Trône, entre les bras de leur Roi; on dépouille ses mains, ses foibles mains des ornemens Royaux, pour les armer d'un fer meurtrier, afin d'immoler ses sujets, ses enfans. L'Hôpital..... que fais-tu dans ces lieux? Il me semble voir la Patrie en pleurs à ses pieds, lui adresser ces tristes paroles: « Assez & trop long-temps, généreux Citoyen, » vous m'avez défendu de mes ennemis; ils triom- » phent; ils sont au moment de m'enfoncer le » poignard dans le sein: ce n'est plus votre main » qui peut les arrêter, fuyez; quittez ces lieux, » allez dans un coin de la terre pour y conserver » votre vertu ».

Sans doute, cette Cour n'étoit plus digne de ce grand Homme; mais il signalera encore sa retraite par une leçon immortelle qu'il fait à ses successeurs, en parlant au Roi avec cette noble fermeté qui ne doit jamais abandonner le Ministre de la Loi. Il part...... Tel est l'empire de la vertu! Le Prince tourne encore ses regards sur l'Hôpital qui fuit. Ah! Prince malheureux! c'est la vertu qui vous quitte; vous allez être abandonné à la rage de ces forcenés, qui vont faire paſſer leurs fureurs dans votre ame ; & votre règne va être ſouillé du plus abominable forfait qui ſe ſoit encore commis ſur la terre.

L'HÔPITAL ſe montra dans ſa retraite le même qu'il avoit été dans la première place de la Magiſtrature. Un grand Homme honore tous les momens de ſa vie. Il partageoit ſon temps entre l'étude & les travaux champêtres ; il pratiquoit les vertus ſociales. Un bon Citoyen eſt toujours bon père, tendre époux, fils reſpectueux, fidelle ami. Mais je voudrois que mon ſiècle pût s'étonner, en apprenant que cet Homme d'Etat, qui avoit occupé pendant ſi long-temps les places les plus éminentes, étoit dans la pauvreté ; qu'il étoit inquiet de ce que deviendroient après lui ſes enfans. C'eſt qu'il avoit rempli ces places avec ce déſintéreſſement que nous avons vu ; c'eſt qu'il ne jouiſſoit point de ces énormes penſions qui ſurchargent le Gouvernement, & qui ne devroient toujours être qu'un ſoulagement modéré pour la vertu.

La gloire d'avoir ſervi ſa Patrie ne porte-t-elle donc pas ſa récompenſe avec ſoi ? Sans doute, il en eſt une qui dédommagera toujours les grands Hommes ; c'eſt celle dont L'HÔPITAL jouiſſoit au fond de ſon ame, & que nous ne connoiſſons plus que dans ſes Ecrits. « J'ai rempli ma car-

» rière (écrivoit-il à un Magiſtrat * digne de re-
» cevoir un ſi précieux dépôt); j'ai ſupporté les
» travaux que la vertu m'a impoſés; j'ai fait tout
» ce qu'a voulu de moi l'amour pour ma Patrie».
Voilà en effet la récompenſe la plus noble d'un cœur vertueux, de pouvoir ſe rendre à lui-même ce témoignage.

Renfermé dans cet héroïſme, que la vertu ſeule fait contracter, L'HÔPITAL vêcut paiſible au milieu de ſes enfans, au ſein de ſa famille, juſqu'à ce jour, jour affreux qu'il faudroit retrancher des faſtes de notre Hiſtoire, où il vit ſa maiſon entourée de gens de guerre, où il entendit le cliquetis des armes, les cris des mourans. Ah! meurtriers! il ne manque plus à vos forfaits que d'immoler L'HÔPITAL; mais n'approchez point...... C'eſt ici le Temple de la Vertu. Tel, au milieu d'un incendie général, on verroit un Temple brûler, & cependant les flammes reſpecter le ſiége de la Divinité.

L'HÔPITAL ne put ſurvivre aux malheurs de ſa Patrie, dont il avoit été le témoin; & ſa mort, qui arriva quelque temps après, fut encore un ſacrifice à l'Etat. Ce n'eſt point ſa mort qu'il faut regretter, il devoit ce tribut à la nature; c'eſt le temps qu'il a paſſé dans cette retraite,

---

* M. le Préſident de Thou.

qui eût encore été ſi utile. S'il fût reſté en place, les Nations étrangères ne nous reprocheroient point ſi amèrement cet abominable forfait, cet attentat à l'humanité. Mais effaçons de notre mémoire, s'il eſt poſſible, ce triſte ſouvenir; diſons que dans ces temps malheureux, il exiſtoit en France un Juſte qui nous vengeoit aux yeux de la poſtérité, & que c'eſt à cette époque que nous ſommes redevables de nos plus belles Lois. Le nom de L'HÔPITAL fera toujours la gloire des François: il a été le ſujet le plus utile à l'Etat; il s'eſt montré le plus vertueux Citoyen, & il reſtera à jamais le plus grand Chancelier, d'après lequel, comme l'a dit un de nos nouveaux Hiſtoriens *, on jugera toujours ceux qui oſeront s'aſſeoir ſur ce même Tribunal, ſans avoir ſon courage ni ſes lumières.

Mais ce n'eſt point pour tirer une vaine gloire de ſon nom, qu'une vertueuſe Compagnie a propoſé ſon Eloge; c'eſt pour nous rappeler à nos devoirs par ces grands exemples. Si l'Etat n'a plus à craindre ces ſecouſſes violentes qui le mettoient ſur le penchant de ſa ruine, il eſt des maux plus occultes qui peuvent le miner inſenſiblement, & le conduire à ce point fatal où les plus beaux établiſſemens s'altèrent. Ne ſerions-nous point à

* M. le Préſident Hénault.

ce période, par la grandeur de notre luxe, nos dépenses excessives, la licence effrénée de nos mœurs, & par notre froide indifférence sur la chose publique? Puissent les vertus de L'HÔPITAL revivre parmi nous! Puissent-elles faire sortir un de ces génies distingués que la Providence tient en réserve, qui, protégé de son Souverain, réforme nos abus, fortifie nos cœurs, élève nos esprits & se montre, comme lui, le digne soutien de son Roi & le bienfaiteur de la Nation! Cet avantage le flatteroit plus qu'un vain honneur à ses cendres, & son ombre se réjouiroit encore dans le tombeau.

Approuvé par MM. PARENT & ASSELINE, Docteurs de Sorbonne, le 26 Mai 1777.

FIN.

www.ingramcontent.com/pod-product-compliance
Lightning Source LLC
LaVergne TN
LVHW020249230826
846091LV00006B/2325

9782011774958